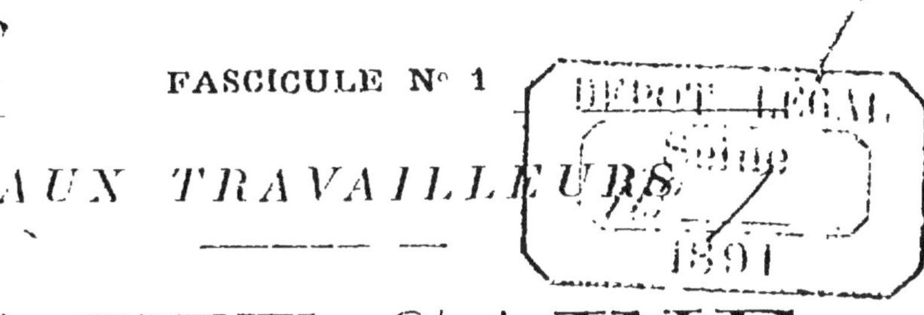

FASCICULE N° 1

AUX TRAVAILLEURS

LA VIE SAINE

ET A BON MARCHÉ

PAR

ONÉSIME PERRINE
ÉCONOMISTE
LAURÉAT DE LA SOCIÉTÉ D'ENCOURAGEMENT AU BIEN
FONDATEUR DU COMPTOIR DE L'ALIMENTATION NATURELLE
DES PUBLICATIONS DE L'ÉCONOMISTE

Être utile à tous.
O. P.

Publiée en neuf Fascicules :

L'ALIMENTATION
LE VÊTEMENT — LE MOBILIER — L'HABITATION
MÉDECINE ET HYGIÈNE PRATIQUES
ALIMENTATION ET SOINS A DONNER A L'ENFANCE
DE L'ABUS DU TABAC ET DES LIQUEURS FORTES
INSTITUTIONS D'ÉPARGNE INSTITUTIONS DE CRÉDIT

Prix : 10 centimes

1891

Se trouve dans tous les Kiosques et chez les Marchands de Journaux

LA VIE SAINE

ET A BON MARCHÉ

FASCICULE N° 1

AUX TRAVAILLEURS

LA VIE SAINE

ET A BON MARCHÉ

PAR

ONÉSIME PERRINE

ÉCONOMISTE

LAURÉAT DE LA SOCIÉTÉ D'ENCOURAGEMENT AU BIEN

FONDATEUR DU COMPTOIR DE L'ALIMENTATION NATURELLE

DES PUBLICATIONS DE L'ÉCONOMISTE

Être utile à tous.

O. P.

Publiée en neuf Fascicules :

L'ALIMENTATION

LE VÊTEMENT — LE MOBILIER — L'HABITATION

MÉDECINE ET HYGIÈNE PRATIQUES

ALIMENTATION ET SOINS A DONNER A L'ENFANCE

DE L'ABUS DU TABAC ET DES LIQUEURS FORTES

INSTITUTIONS D'ÉPARGNE — INSTITUTIONS DE CRÉDIT

Prix : 10 centimes

1891

Se trouve dans tous les Kiosques et chez les Marchands de Journaux

Améliorer le sort des travailleurs, c'est assurer la paix et la tranquillité du pays.

O. P.

CET axiome que nous émettions en 1871, après l'année terrible, ainsi que l'a appelée Victor Hugo, nous paraissait devoir devenir alors, la base, la pierre fondamentale la plus sûre, pour asseoir solidement la République, que la France entière venait d'acclamer avec autant de sagesse que de spontanéité, comme le seul remède aux maux cruels, inoubliables, qu'elle venait de supporter avec un stoïsme admiré même de ses ennemis.

Nous avons toujours pensé qu'aucun gouvernement, quel qu'il soit « Monarchique, Constitutionnel ou Républicain, ne peut vivre longtemps s'il méconnaît ce principe aussi juste qu'il est humanitaire. »

Protéger le peuple, le faire respecter, lui, le seul, le vrai producteur, toujours à la peine, rarement à l'honneur; améliorer son sort, lui rendre la vie meilleure, plus large, lui assurer la santé, celle de sa famille, par une alimentation plus saine et moins coûteuse, car à notre époque de falsification avide et habile, si le riche est empoisonné en payant cher, le pauvre l'est davantage en payant plus cher encore; lui procurer des logements plus salubres, plus confortables ; lui faciliter les moyens d'élever sa famille dignement, de faire de ses enfants de bons citoyens ; lui assurer enfin, une retraite honorable, la récompense de son rude labeur.

On a beaucoup fait, il reste beaucoup à faire.

A l'œuvre donc hommes politiques qui avez reçu mandat de défendre les intérêts du peuple, à l'œuvre ! Savants, Jurisconsultes, Économistes, Médecins, Hygiénistes, Philanthropes, travaillez sans relâche au bien-être des faibles, des ouvriers, des artisans, des petits employés, de tous ceux qui peinent durement et gagnent peu, de tous ces modestes et vaillants collaborateurs de notre fortune, et vous ferez œuvre utile.

Quant à nous, nous vous apportons, travailleurs ! le fruit de nos études, de nos longues et patientes recherches, le produit de nos veilles ; puissions-nous par nos travaux qui n'ont eu qu'un but, votre bien-être, vous procurer une existence plus douce, une vie plus heureuse, une somme plus forte d'aisance, un peu plus de bonheur en un mot, c'est la seule récompense que nous ambitionnons.

Onésime Perrine.

Nous avons divisé notre travail en fascicules que nous publierons successivement :

L'Alimentation, le Vêtement, le Mobilier, l'Habitation, Médecine et Hygiène pratique, Alimentation et soins à donner à l'enfance, de l'Abus du tabac et des liqueurs fortes, Institutions d'épargne, Institutions de crédit.

L'ALIMENTATION

PUBLIÉE EN 2 FASCICULES

Bon esprit, bon cœur, nourriture saine,
Et galement on atteint la centaine.

O. P.

Aux Mères de famille

C'est à vous particulièrement, mères de famille, que nous nous adressons, d'abord, pour vous mettre en garde contre les dangers d'une alimentation malsaine, toujours de plus en plus frelatée ; ainsi le veut aujourd'hui le progrès uni à la mauvaise foi commerciale.

Une alimentation malsaine, sachez-le bien, c'est-à-dire l'absorption journalière de denrées, de boissons sophistiquées, est un poison lent qui entrave la vie dès le premier âge, en abrège la durée ; c'est une des principales causes de la déperdition des forces humaines, de la dégénération de l'homme.

Une alimentation corrompue, dénaturée, est une nourriture qui ne nourrit pas, elle tue ; puis, nous voulons, ménagères, vous initier un peu aux petits secrets d'une science indispensable aux mères de famille, science modeste en apparence, encore ignorée de beaucoup, quoiqu'elle joue un grand rôle dans notre existence : *l'Économie domestique*, c'est-à-dire l'art de bien ordonner ses dépenses.

Ne vous effrayez pas outre mesure ; cette science, vous le verrez, n'a rien d'ardu, de difficile, et vous nous comprendrez sans peine. C'est par elle que vous apprendrez à mieux diriger le ménage, à introduire dans votre intérieur une économie sage et raisonnée, profitable au bien-être de la famille ; par elle, vous pourrez améliorer votre sort, tout en équilibrant votre mince budget, procurer à votre mari une alimentation plus naturelle, plus abondante, qui lui permette d'affronter les fatigues, si dur que soit le travail ; à vos enfants, une santé toujours florissante.

Mères de famille, nous vous offrons LA VIE SAINE ET A BON MARCHÉ.

Dans un volume que nous avons sous les yeux, *la Vie à bon marché*, de M. E. Tanneguy de Wogan, le hardi voyageur qui, on s'en souvient — idée tout à fait originale — est allé de Paris au golfe du Lion — 1,200 kilomètres — en canot de papier, à la pagaye, nous relevons cette phrase :

Il faut vivre d'une maniere plus simple et plus sobre.

L'auteur recommande aux riches aussi bien qu'aux pauvres le système des *végétariens*, qui renoncent à la viande, aux boissons alcooliques, et vivent pour DIX sous par jour.

Peut-on vivre pour dix sous par jour ?

On vit même à moins, parait-il. M. Tanneguy de Wogan cite, comme exemple, nos paysans auxquels QUATRE OU CINQ sous par jour suffisent, il l'affirme, pour leur donner une nourriture saine et fortifiante ; il va plus loin, il affirme également que le prix de la nourriture de myriades d'êtres humains, en Asie et en Afrique, ne s'élève pas à plus de quelques centimes.

Enfin, plus fort encore, un Anglais végétarien, qui a longtemps résidé aux Indes, s'est écrié, nous dit M. Tanneguy de Wogan, analysant ma brochure publiée chez Dentu, *Le moyen de vivre pour dix sous par jour*. Quel luxe insensé! Aux Indes, des millions d'hommes vivent avec SOIXANTE CENTIMES PAR SEMAINE et sont cependant bien portants et capables de travailler toute la journée.

Nous ne ferons pas l'injure à l'auteur de « la vie à bon marché, » de le traiter d'utopiste, nous nous en garderons bien, mais qu'il nous soit permis de lui dire respectueusement qu'il se trompe, l'amour du végétarisme lui a jeté de la poudre aux yeux, c'est certain.

Nous avons vécu avec nos paysans, nous avons encore des rapports fréquents avec eux, la nature de nos occupations nous y oblige, nous nous assayons souvent à leur table et nous nous plaisons à le reconnaitre, ils vivent bien ces bons paysans, mais très bien même, beaucoup mieux qu'il y a vingt ans, nous en convenons. Ils mangent de la viande au moins deux fois la semaine, non seulement du lard, mais des rôtis de bœuf, de veau, de mouton, des biftecks, des côtelettes, des ragoûts, etc., et cependant, la viande est chère à la campagne, plus chère qu'à Paris.

Ils vivent aussi de laitage — leur lait est si bon et coûte si peu *(cinq sous les deux litres)*, — d'œufs en quantité, de légumes frais et secs, ils les aiment..... avec beaucoup de viande autour, vous feront-ils remarquer malicieusement, et ils ont raison.

Proposez leur donc, M. Tanneguy de Wogan, de devenir « végétariens » vous verrez s'ils mordront à ce fruit là.

Q'une de nos ménagères parisiennes fasse un essai de végétarisme et qu'elle offre à son mari, pendant une semaine seulement, quand il rentrera du travail, deux repas par jour uniformément composés de pois, haricots ou lentilles; de froment, de maïs ou de gruau d'avoine; du lait, du fromage et des fruits, et, pour varier, des fruits, du fromage, du lait, du froment, du maïs, du gruau d'avoine, des lentilles, des haricots ou des pois, et vous verrez si son essai sera bien accueilli.

Le prix de chacun de ces repas est pour rien, c'est évident, on en jugera par les deux menus végétariens suivants, que nous copions textuellement au hasard, dans « la vie à bon marché. »

DÉJEUNER. — 64 grammes de pain bis, 32 grammes de gruau d'avoine et un demi-litre de lait. Prix : 20 CENTIMES.

DINER. — Une soupe aux pois, du pain, du pudding, des raisins. Prix : 20 CENTIMES.

40 CENTIMES pour toute la journée.

Nous le répétons, ces deux repas ne coûtent pas cher, mais qu'ils sont maigres !

Quant aux peuples de l'Asie, de l'Afrique, nous ne saurions en parler avec connaissance de cause : nos voyages lointains se sont bornés à la traversée du Hâvre à Trouville, quelques excursions à Dieppe, au Tréport, à Fécamp, à Honfleur, et, d'après ce que nous en avons pu voir, les naturels de ces bords fleuris de la Manche, ne dédaignent pas la bonne chair ; végétariens quand ils ne peuvent faire autrement, ils mangent du poisson, de la viande assez souvent. Nous les avons vus à l'œuvre : un bon gigot cuit à point, relevé de la gousse d'ail traditionnelle ne leur fait pas peur ; ils poussent même la gourmandise, — ils sont si rusés ces Normands, — jusqu'à ingurgiter au milieu du repas quelques verres de bonne eau-de-vie, pour faire de la place disent-ils ; cela s'appelle par là « *faire un trou.* »

Ce n'est pas encore dans ces parages que le végétarisme fera beaucoup d'adeptes, nous en doutons fort.

Nous n'avons pas la prétention, travailleurs, de vous faire vivre pour DIX SOUS PAR JOUR ; les végétaux ont du bon, nous ne le contestons pas, le froment, les pois, les lentilles, les haricots, le maïs, le seigle, le sarrasin, les fruits, le lait, — *quand c'est du lait ; à Paris, il coûte au moins 40 centimes le litre,* — le fromage, sont des aliments sains, nourrissants, mais un peu de viande ne nuit pas ; d'ailleurs, la viande nous est nécessaire à nous autres Français, n'en déplaise à M. Tanneguy de Wogan.

L'ouvrier anglais, qui mange de bon bœuf, qui boit de bonne bière, fait à temps égal deux fois le travail de l'ouvrier français, réduit à une détestable nourriture plus débilitante que réconfortante, grâce à l'empoisonnement des denrées. (1)

Pour l'entretien de la santé, pour le développement des forces physiques et de l'intelligence, il est nécessaire, a dit l'illustre Isidore Geoffroy Saint-Hilaire, d'ajouter au pain et aux végétaux, des aliments azotés, tels que les fournit la chair des animaux.

Suivant M. Payen, pour réparer les pertes qu'un homme, dans la force de l'âge, éprouve quotidiennement, il lui faut 286 grammes de viande au moins. En tenant compte des femmes, des enfants et des vieillards, on peut réduire à une moyenne de 228 grammes, la ration journalière de viande nécessaire à chaque individu.

Malheureusement, la viande est chère à Paris : 14, 16, 18 sous la livre, et qu'est-ce que c'est qu'une livre de viande par jour, répète souvent la ménagère ? une bouchée pour le père et les enfants qui ont un appétit d'enfer.

Elle a raison, cette bonne ménagère, qui est heureuse quand elle voit tout son monde rassasié, bien repu, c'est peu de chose en effet, qu'une livre de bœuf, de veau ou de mouton pour deux repas de trois ou quatre bouches affamées. Il n'y a pas de quoi s'enfler les joues insinuent, très judicieusement les gosses.

Si la viande de bœuf, si le veau est trop cher, si les côtelettes de mouton, les biftecks, sont à des prix inabordables pour certaines bourses, que ne mange-t-on du cheval alors, de l'âne, du mulet ?

Et pourquoi pas ?

Quelle différence y a-t-il donc entre la viande du bœuf et celle du cheval ? Aucune que nous sachions.

Préjugé, direz-vous.

Toujours le sot préjugé, proche parent de cette vieille bête, de cette vieille entêtée qu'on appelle *la Routine*, plus forts l'un et l'autre que la saine raison.

---

(1) Le fait a été expérimenté lors des travaux du chemin de fer de Rouen. Les ouvriers français qui, n'ayant pas de famille, ont adopté le régime des Anglais, ont fait au moins autant de besogne, réconfortés qu'ils étaient par une nourriture saine et suffisante.

Le préjugé qui nous met un bandeau sur les yeux que nous soyons un homme d'esprit ou un sot, qui nous abuse, dénature la vérité et nous montre les choses sous un faux jour, tout le contraire de ce qu'elles sont.

Que de gens seraient heureux sans le préjugé, dont ils sont les esclaves soumis.

Pour rentrer dans notre sujet, que de gens, dirons-nous, qui ne peuvent manger du bœuf à leur faim et aussi souvent qu'ils le voudraient, mangeraient du cheval avec plaisir s'ils connaissaient mieux cette viande qui, par son goût, sa valeur nutritive, sa parfaite digestibilité, nous allons vous le démontrer clairement, ne le cède en rien à la meilleure viande de bœuf que vous puissiez acheter chez votre boucher. Quant au côté économique, cela n'est pas discutable, pas plus qu'au point de vue substantiel, confortant.

Au menu végétarien, cité plus haut, nous opposerons le nôtre, composé presque exclusivement de viande de cheval, c'est un peu plus cher, tout aussi pratique, mais c'est plus solide. Vous nous en direz des nouvelles, travailleurs !

Menu d'une journée pour quatre

Le père, la mère et deux enfants de huit à douze ans

DÉJEUNER

500 grammes — *une livre* — de bifteck de cheval, à 1 fr. 40 le kil. -- *125 grammes par tête*..... » 70

Morceau choisi dans le romsteck, l'onglet ou la bavette.

NOTA. — En viande de bœuf, ces mêmes morceaux se vendent, chez le boucher, de 2 fr. 40 à 2 fr. 80 le kilo.

Légumes. — Pommes de terre ou haricots (*Assaisonnement compris*)................ » 30

Pain, 1 kil. à 45 c. — *250 grammes par tête* » 45

Bière de famille, quatre litres à 5 c. — *Un litre par tête*.............................. » 20

Fromage, 125 gr. (un quart)............... » 30

Prix d'un premier repas (*le déjeuner*)...... 1 95

Soit : 49 CENTIMES PAR TÊTE.

On trouvera plus loin la recette d'une excellente bière, composée exclusivement de houblon, d'orge et de sucre. Cette bière est aussi saine, aussi rafraîchissante qu'elle est substantielle, fortifiante.

DINER

Un pot-au-feu de cheval (1), 1 kil. à 60 c. — *250 grammes par tête*.................... » 60

Morceau choisi dans le plat de cote, le gîte, la tranche ou la culotte.

La viande de mulet est un peu plus chère, mais le pot-au-feu en est exquis.

Nota. — En viande de bœuf, ces mêmes morceaux se vendent, chez le boucher, de 1 fr. 40 à 1 fr. 80 le kilo.

Légumes pour pot-au-feu et cuisson........ » 50

Pain, 1 kil. à 45 c. — *250 grammes par tête* » 45

Bière de famille, quatre litres à 5 c. — *Un litre par tête*.............................. » 20

Salade et assaisonnement................. » 30

Prix d'un deuxième repas (*le dîner*)....... 2 05

Soit : 51 CENTIMES PAR TÊTE.

POUR LA JOURNÉE ENTIÈRE (*le déjeuner et le dîner*), 4 FRANCS, soit : 1 FRANC PAR TÊTE.

Quantité d'aliments absorbés par tête, (en deux repas) :

Viande, 375 grammes ; légumes, 250 grammes.

Pain, 500 grammes ; dessert ou salade, 60 grammes environ.

Boisson, 2 litres.

On le voit, le chiffre de notre menu pour une journée de nourriture, excède de moitié celui indiqué par « *la vie à bon marché* » de M. Tanneguy de Wogan, cela est vrai, mais on mange bien chez nous, on vit, tandis que chez le voisin on mange maigre, trop maigre. Certes, il en faut du maigre, mais pas trop n'en faut.

---

(1) Consulter à la fin de cette brochure « RECETTES DE CUISINE HIPPOPHAGIQUES » les meilleurs modes de préparation de la viande de cheval, d'âne et de mulet.

Foin du végétarisme ! nous choisirons toujours la maison où l'on dîne le mieux. Et vous, travailleurs?

Mais, nous feront observer d'aucuns, notre budget ne nous permet pas de dépenser tous les jours 4 francs pour notre nourriture et celle de notre famille. Alors faites-vous végétariens la moitié de la semaine et carnivores (*mangeurs de viande*) l'autre moitié, ou, si vous le préférez, sur les 14 repas de la semaine (*déjeuners et dîners*) faites en 7 composés de légumes, de fruits ou fromage (*des repas végétariens substantiels et abondants, nous entendons, et non de maigres repas à la façon de M. Tanneguy de Wogan*) et 7 composés de viande, suivant le menu qui précède ; votre santé ne saurait en souffrir et vous obtiendrez le résultat suivant (1) :

(*Toujours quatre bouches à nourrir, bien entendu*) 7 repas végétariens à 1 fr. 40 par repas, soit *35 c. par tête* 9 80

Chaque repas ainsi composé :

Légumes (*pommes de terre, pois, haricots ou lentilles*), 45 c., assaisonnement compris.

Fromage (1/4), 30 c.

Pain, 1 kil. (*250 grammes par tête*), 45 c.

Bière de famille, 4 litres à 5 c., 20 c.

Egal : 1 fr. 40.

7 repas de viande et légumes, à 2 fr. par repas (*50 c. par tête*) .... 14 «

Dépense pour la nourriture d'une semaine entière (pour quatre) 23 80

Soit : **5 fr. 95** par tête et par semaine ou **85 c.** par tête et par jour.

3 fr. 40 par jour, prix de la nourriture de la famille.

Nota. — Ce chiffre de **3 fr. 40** par jour, peut fort bien être réduit à **3 fr.** par l'économie de la ménagère, sans pour cela diminuer la quantité d'aliments nécessaires à la bonne alimentation de son mari et de ses enfants.

Peut-on vivre, peut-on se nourrir confortablement à meilleur compte ? Nous ne le pensons pas.

(1) Nous publierons dans le deuxième fascicule (suite de l'alimentation) les 14 menus (déjeuners et dîners) d'un petit ménage.

Revenons à la viande de cheval :

En **1867**, les boucheries de viande de cheval fournirent à la population de Paris **542,040 kilogrammes** de viande (2,152 chevaux, ânes et mulets).

En 1890, Paris en consomma **4,880,000 kilogrammes** (21,000 chev.). C'est le chiffre le plus élevé.

Aujourd'hui Paris compte plus de cent boucheries hippophagiques (1).

Ces chiffres sont éloquents et parlent d'eux-même.

Si ce progrès, si important au point de vue de l'hygiène, ne se ralentit pas, dit M. L.-A. Bourguin, *président honoraire de la Société protectrice des animaux, secrétaire du Comité de Propagation de la viande de Cheval*, dans sa brochure *La viande de Cheval*, — Paris, 1868, — à laquelle nous empruntons de nombreux renseignements d'un grand intérêt pour nos lecteurs, si ce progrès continue sa marche ascendante, il permettra de faire entrer chaque année, dans l'alimentation publique, des millions de kilogrammes de bonne viande, autrefois dédaignée par les populations.

Voilà pour notre époque même. Que sera-ce donc quand, par le progrès du bon sens, une absurde répugnance ayant disparu, l'excellente viande que fournit le cheval aura pris son taux régulier sur les marchés à côté de celle de veau, de bœuf ou de porc, parmi les autres comestibles sains et savoureux?

On ne peut donc méconnaître que l'introduction de la viande de cheval dans notre alimentation publique ait été un fait considérable.

N'est-ce pas aussi un grand avantage pour les classes laborieuses, ajoute M. Bourguin, dans des années où le travail est en souffrance, de trouver à un prix qui varie de 50 à 80 c. le kilogramme, une viande tout aussi salubre et aussi substantielle que la viande de bœuf.

Améliorer le régime des ouvriers, hommes, femmes et enfants, qui travaillent constamment dans des ateliers fermés et qui se nourrissent mal, par une notable augmentation de viande, surtout de viande de cheval, la plus nourrissante de toutes, parce que le tissu en est plus serré, n'est-ce pas rendre aux populations de nos villes manufacturières un service signalé.

---

(1) Des boucheries de viande de cheval se sont aussi établies dans plusieurs villes des départements : il y en a trois à Nancy, trois à Lyon, deux à Strasbourg ; il y en a aussi à Rouen, à Lille, à Metz, à Mulhouse, à Saint-Quentin, à Valenciennes, à Amiens, à Arras, à Saint-Omer, à Cambrai, à Péronne, à Bayeux, au Havre, à Guigne et à Châtillon-sur-Seine.

LES SAVANTS, LES MÉDECINS, HYGIÉNISTES, PROFESSEURS,

LES ILLUSTRATIONS DE LA SCIENCE,

Propagateurs de la Viande de Cheval

Le Baron Larrey, *surnommé le Père de la médecine militaire.*

Isidore Geoffroy-Saint-Hilaire, le grand naturaliste, fondateur du Jardin d'acclimatation de Paris.

Decroix (M. P.), le savant hygiéniste, ancien vétérinaire principal de la Garde de Paris, fondateur du Comité de la viande de cheval et de la Société contre l'abus du tabac.

Renault, qui fut directeur de l'Ecole d'Alfort.

Nocart, membre de l'Académie de médecine, directeur actuel de l'Ecole vétérinaire d'Alfort.

Le docteur Blatin.

Leblanc, vétérinaire, membre de l'Académie de médecine.

Bourguin (L.-A.), président honoraire de la Société protectrice des animaux, secrétaire du Comité de propagation de la viande de cheval.

Minaret.

Le baron de Dumast (P.-G.), correspondant de l'Institut.

Et tant d'autres qu'il serait trop long de citer ici.

On le voit, des hommes compétents, des hommes qui font autorité dans la science, se sont voués à la propagation de la viande de cheval en France. Ils ont travaillé dans ce but, avec le plus profond désintéressement, heureux de faire le bien et fermement convaincus qu'ils allaient rendre un nouveau service à leur pays.

Mais laissons la parole à M. Bourguin.

C'est Isidore Geoffroy Saint-Hilaire qui, le premier, en 1856, appela l'attention des savants et des économistes sur cette importante question, en publiant *ses Lettres sur les substances alimentaires, et particulièrement sur la viande de cheval.* Depuis cette époque jusqu'à sa mort *(Novembre 1861)*, il ne cessa de combattre, de lutter, ainsi qu'il le disait lui-même, contre un vieux préjugé qui éloigne les populations d'une viande pourtant saine et bonne, qui pourrait rendre tant de services aux classes laborieuses.

Il ne lui fut pas donné de voir l'idée dont il s'était fait l'apôtre passer de la théorie dans la pratique. Au surplus, Geoffroy Saint-Hilaire avait terminé son livre par ces mots :

Homme de science, j'ai dit ; à d'autres l'action!

Les hommes d'action ne devaient pas tarder à se présenter. Dans le même mois de la mort de Geoffroy Saint-Hilaire, un vétérinaire de l'armée, doublé d'un savant hygiéniste, M. Decroix, organisait à Alger, où il tenait garnison, un banquet où l'on ne servit que du cheval, de l'âne et du mulet.

Peu de temps après, attaché comme vétérinaire en premier de la Garde de Paris, M. Decroix commença à faire de temps en temps, aux pauvres de son quartier (caserne des Célestins), des distributions de viande de cheval, et il constata que le préjugé n'avait pas de plus profondes racines à Paris qu'à Alger.

Poursuivant avec une énergique persévérance la propagande de l'idée généreuse et patriotique de Geoffroy Saint-Hilaire, il publia de nombreuses brochures, fit des conférences, organisa des banquets. Le premier de ces banquets eut lieu au Grand-Hôtel, le 6 février 1865. On n'y servit, en fait de viande de boucherie, que du cheval. Le deuxième banquet eut lieu le 9 juillet suivant, dans les salons du restaurateur Lemardeley, rue Richelieu, et obtint un plein succès.

Enfin, le 30 septembre de la même année, eut lieu un banquet populaire de viande de cheval chez un restaurateur de Ménilmontant. Tous les convives qui assistèrent à ces différents banquets furent unanimes à déclarer que le bouillon de cheval est d'une nature supérieure, que la viande est bonne et d'un goût agréable, délicieuse préparée *en cheval à la mode.*

Une prime de 500 francs, offerte à l'issue du banquet de Ménilmontant par le zélé promoteur du nouvel aliment, M. Decroix, fut remise à l'industriel (*un nommé Antoine*) qui avait ouvert la première boucherie de cheval à Paris — nous devrions dire qui avait eu le courage d'ouvrir — (*9 juillet 1886, boulevard d'Italie*).

Le plus heureux n'était pas l'homme qui recevait la prime, fait remarquer M. Bourguin, mais celui qui, ayant en quelque sorte, fait de l'hippophagie une question personnelle, voyait enfin triompher l'idée d'Isidore Geoffroy Saint-Hilaire, pour laquelle il avait si vaillamment combattu.

Quant on lutte contre des habitudes enracinées, contre de vieux préjugés, le succès est toujours lent, il faut se résigner à combattre longtemps, à défendre avec ténacité l'idée qu'on patronne, à trouver dans les obstacles une force pour les renverser. En un mot, la constance seule peut faire prévaloir une idée juste, aussi bien devant l'autorité que devant le public.

Entre la publication *des Lettres sur les substances alimentaires*, d'Isidore Geoffroy Saint-Hilaire et l'ouverture de la première boucherie de cheval, il s'est écoulé dix ans.

Le progrès se réalise toujours trop lentement au gré de ceux qui s'y dévouent, mais l'important est qu'il se réalise.

Nous allons résumer ici l'opinion de MM. *Decroix*, *Bourguin*, *du Baron P.-G. de Dumast*, dont les intéressants travaux sur l'hippophagie n'ont pas peu contribué à la vulgarisation de la viande de cheval.

M. Bourguin (Extrait de sa brochure *La viande de cheval.* — Paris, 1868) :

Sous le premier Empire, l'illustre Larrey, médecin en chef des armées, employait souvent la viande de cheval pour les malades et les blessés. Pour vaincre la répugnance des soldats, il avait été le premier à faire tuer ses chevaux et à manger de cette viande, que l'expérience lui avait démontrée être très convenable à la nourriture de l'homme.

D'après l'expérience de plusieurs médecins, le bouillon de cheval, sans doute à cause de ses qualités nutritives, convient plus que tout autre aux malades, aux convalescents, aux personnes affaiblies, il répare mieux les forces et accélère le retour à la santé.

Le Baron P.-G. de Dumast (Extrait de sa brochure *Le cheval mis à profit jusqu'au bout.* — Nancy, 1885) :

La viande de cheval possède une puissance nutritive qui surpasse d'un cinquième celle de la meilleure viande de bœuf, son bouillon est tout ce qu'il y a de plus analeptique *(propre à rendre des forces)* pour les malades.

Elle est appétissante à l'œil et agréable au goût.

Ajoutons, pour les épilogueurs, qu'elle provient d'un quadrupède *herbivore*, et de celui dont la propreté est la plus frappante. Quel est le genre d'étable qui, au point de vue des immondices et des mauvaises odeurs, ne soit pas au-dessus d'une écurie chevaline ?

Que dans des conditions égales — d'âge, de régime, de travail, etc. et à parité de cuisson, — ses fibres, au lieu de se faire remarquer comme moins obéissantes sous la dent que les fibres bovines, l'emporteraient plutôt en fait de tendreté.

Que les garanties à stipuler pour être sûr de la manger en état salubre, ne sont pas d'autres mesures à prendre que celles dont la police a fixé les règles au sujet du bœuf, du porc ou du mouton (1).

Ce sont, dit encore le Baron de Dumast, les principaux points élucidés des questions que chacun peut se poser, points acquis et mis à présent hors de doute; rien de cela n'admet plus la moindre discussion sérieuse. Amenés au pied du tribunal de la raison les sophismes chicaneurs ont perdu. Il y a « chose jugée. »

M. Decroix (Extrait de sa brochure *Armées en campagne; considérations relatives aux hommes et aux chevaux.* — Paris, 1870) :

Le veau et le jeune bœuf, engraissés rapidement et prématurément, donnent une viande tendre, pâle, peu nutritive et impropre à fournir un bon bouillon, tandis que le VIEUX BŒUF, *surtout s'il a travaillé*, donne un aliment moins agréable, moins tendre, mais plus utile, plus nourrissant. Les vieux chevaux se trouvent dans les mêmes conditions que le vieux bœuf de travail, donnent, comme lui, UNE CHAIR PLUS SUBSTANTIELLE, PLUS PROPRE A ENTRETENIR LA SANTÉ ET LA VIGUEUR que les jeunes bœufs.

Ouvrons une parenthèse, pour citer ici un fait qui certainement ne laissera pas que d'intéresser les partisans de la viande de cheval et qui vient fort à propos confirmer l'opinion de M. Decroix.

Nous tenons ce fait de Mme Testard, dont le mari, *M. Victor Testard* (un nom bien connu dans la boucherie hippophagique), dirige l'abattoir de Pantin, établissement qui, du reste, lui appartient et qu'il a créé en 1870.

Cette dame, que nous avions eu l'honneur de rencontrer en l'absence de son mari, nous donna avec la meilleure grâce du monde les renseignements que nous étions venu chercher à Pantin, pour mener à bien notre travail. Elle nous conta, entre autre choses, qu'elle avait mangé d'un vieux cheval de 46 ANS, — vous avez bien lu, quarante-six ans? — que son mari avait

(1) Lire page 22 l'extrait que nous donnons de l'ordonnance de police du 9 juin 1866, concernant la vente « de la viande de cheval pour l'alimentation ».

fait abattre à la recommandation d'un de ses fermiers et que la viande en était excellente, aussi tendre que celle d'un jeune cheval de cinq ans.

Voilà qui est fait, croyons-nous, pour dérouter complètement ceux qui prétendent que manger du vieux cheval, c'est manger *de la vieille carne*, pour nous servir de l'expression populaire.

Reprenons le cours de nos citations :

Une précieuse qualité de la viande de Cheval, dit M. Decroix, c'est qu'elle se conserve plus longtemps, cuite ou crue, que celle du Bœuf et qu'elle est peut-être plus agréable froide que chaude — cela dépend du goût — soit en bouilli, soit en *Cheval à la mode*, soit en rôti.

La graisse est un peu plus molle que celle du Bœuf. Quand elle est fondue, elle se sépare en deux parties, dont l'une supérieure, *liquide*, peut être employée aux mêmes usages que la *bonne* huile d'olive avec laquelle elle a une grande analogie ; l'autre, plus solide et ressemblant un peu à la graisse d'oie, quant à la couleur, la consistance et la saveur. La graisse de cheval peut servir à faire de la friture de première qualité, notamment des fritures de pommes de terre ; on peut aussi l'employer pour faire la salade sans qu'il y ait à craindre que personne puisse constater un mauvais goût quelconque, si elle est bien préparée.

Toutes les parties du Cheval peuvent être livrées à la consommation comme celle du Bœuf. En supposant deux animaux du même âge, il n'y a pas de différence sensible pour le cœur et le foie. Il n'est pas possible de faire la distinction entre la cervelle de l'un et celle de l'autre. Les reins du Cheval entier ont un certain fumet que n'ont pas ceux du Bœuf et du Mouton et que l'on peut comparer à ceux du Bélier et du Taureau. La langue du Cheval est plus délicate que celle du Bœuf, cependant la différence de goût entre toutes ces parties accessoires n'est pas assez grande pour que l'on ne puisse faire manger l'une pour l'autre, sans crainte d'éveiller les soupçons des personnes non prévenues. J'ai à l'appui de cette assertion une foule d'expériences.

Une partie de la chair des Chevaux de boucherie, sert à fabriquer diverses espèces de charcuterie et notamment du Saucisson, mets tout préparé et qui rend de grands services à la classe laborieuse.

Il y a à *Beaucaire* une fabrique de Saucisson dont les produits sont de qualité supérieure, je veux parler du

Saucisson désigné sous le nom de *hippochœrogène* par M. Giraud, l'inventeur du procédé de fabrication.

Les personnes qui n'ont jamais mangé de viande de Cheval subissent involontairement l'influence du *préjugé* et comme elles n'ont pas l'occasion de s'éclairer de *visu* et de *gustu*, elles ne peuvent rectifier leur jugement. Si elles se donnaient la peine de raisonner et d'expérimenter, elles ne tarderaient pas à changer d'opinion.

On peut connaître d'une manière à peu près certaine la valeur alimentaire de la chair d'une espèce animale par les matières dont elle se nourrit. Il est de règle générale que les *herbivores* ont une viande saine, nourrissante et parfaitement appropriée à nos fonctions digestives ; les *carnivores* au contraire, ont une viande désagréable, imprégnée d'un fumet qui excite notre répugnance ; enfin, la chair des animaux qui se nourrissent de matières végétales et de matières animales, celle de porc, par exemple, offre une grande différence, selon que les substances végétales ou animales dominent dans la nourriture.

En faisant l'application de ces principes au Cheval, on arrive à cette conclusion que sa chair doit être *saine et agréable* et qu'il serait extraordinaire qu'elle fût mauvaise; en effet, non seulement il est *herbivore*, mais encore il reçoit, parmi les plantes fourragères, celles qui sont le plus nourrissantes, le mieux récoltées, le mieux conservées; toujours il mange du grain, tandis que le Bœuf en est privé le plus souvent. Celui-là est mieux logé, mieux couché, il est plus difficile sur la qualité des aliments et des boissons, et on lui donne des soins de propreté qui sont loin d'être prodigués au Bœuf et à la Vache.

Enfin M. Decroix conclut :

Le Cheval n'est pas sujet à plus de maladies que le Bœuf.

Si maintenant vous n'êtes pas convaincus, travailleurs mes frères, si vous ne vous rendez pas à l'évidence, c'est que vous y mettrez de la mauvaise volonté ou alors, vous avez l'oreille dure ; il est vrai qu'il n'y a pas pire sourd que celui qui ne veut pas entendre, dit le proverbe.

EXTRAIT DE L'ORDONNANCE DE POLICE

CONCERNANT

la vente de la viande de cheval pour l'alimentation

Paris, le 9 juin 1866.

ARTICLE PREMIER. — Le débit de la viande de cheval, comme denrée alimentaire, est permis aux conditions prescrites par les articles ci-après.

ART. 2. — Les chevaux destinés à la consommation publique ne seront abattus que dans les tueries spécialement autorisées à cet effet et situées sur la circonscription de la Préfecture de police.

ART. 3. — Le transport, la vente et la mise en vente, pour l'alimentation de viande de cheval provenant des clos d'équarissage ou des tueries autres que celles indiquées en l'article précédent, sont prohibés dans Paris et les communes rurales placées sous notre juridiction.

ART. 4. — Il ne pourra être procédé à l'abatage des chevaux destinés à la consommation qu'en présence d'un Vétérinaire ou son inspecteur commissionné à cet effet par le Préfet de police,

Art. 5. — Les Chevaux seront soumis à l'inspection du préposé mentionné en l'article ci-dessus tant avant l'abatage qu'après le dépeçage des viandes. Les viscères seront livrés au même examen, afin de permettre une appréciation complète de l'état de santé de l'animal abattu.

ART. 6. — Les viandes ne pourront être enlevées de l'abattoir pour être portées à l'étal, qu'après avoir reçu l'estampille d'inspection du préposé suivant le mode qui sera prescrit par l'administration.

ART. 8. — Sont considérés comme impropres à la consommation, les chevaux morts naturellement ou abattus en état de fièvre par suite de blessures, ceux qui sont atteints d'une maladie quelconque, de plaies purulentes ou d'abcès, même au sabot. Sont également exclus les Chevaux dans un état d'extrême amaigrissement.

ART. 13. — Le colportage de la viande de Cheval est interdit. Défense est faite de vendre cette viande partout ailleurs que dans les établissements admis pour ce genre de commerce.

Le Préfet de police,
J.-M. PIÉTRI.

Par le Préfet de police :

Le secrétaire général,
DUVERGIER.

Travailleurs, ouvriers, artisans, employés, petits bourgeois, FAITES COMME NOUS, mangez tous du cheval, sans hésiter, votre santé et votre bourse s'en trouveront bien. Plus de scrupules, plus de préjugés à cet égard, ils n'ont pas raison d'être, vous le voyez, nous vous avons donné la preuve évidente, irrécusable, que cette viande vaut celle du meilleur bœuf et

ELLE COUTE MOITIÉ MOINS CHER

Pour finir, une simple histoire, bien vraie, bien convaincante, qui sera la conclusion de notre plaidoyer en faveur de la viande de cheval.

Nous avons beaucoup connu le fils d'un grand artiste, qui a laissé un nom impérissable au théâtre et dans les lettres, le comédien Henry Monnier.

Moins heureux que son père, ce pauvre garçon, d'un esprit cultivé pourtant, d'une excellente éducation, spirituel, instruit (il était bachelier), de plus, bon musicien, dessinant très bien, qui certes aurait pu se faire aussi un nom dans les arts ou dans les lettres, s'est éteint modestement, sans gloire, il y a un peu plus de deux ans, chef d'une petite gare de la grande banlieue de Paris.

2,200 francs d'appointements, trente ans de bons et loyaux services pour en arriver là !

Les Compagnies de chemins de fer, on le sait, ne sont pas larges pour leurs malheureux employés qui font un travail de forçat, risquent leur vie si souvent, encourent de si terribles responsabilités pour si peu d'argent.

2,200 francs de traitement après trente ans d'un pareil service !

Henry Monnier est mort à la peine, désillusionné ; on lui avait fait entrevoir un si bel horizon, on lui avait fait de si belles promesses d'avenir quand il était entré à la Compagnie de l'Ouest, à vingt ans, frais émoulu du collège. On croit tout à cet âge-là. Il est mort découragé, abreuvé de toutes sortes de déboires, écœuré, n'ayant plus la force de lutter contre les vilenies, les mille petites tracasseries des gros bonnets de l'administration ; lui, si bon, si honnête : « Je ne plais pas à la direction, disait-il souvent avec amertume, je le sais, mais que voulez-vous ? ce n'est pas ma faute, je n'ai jamais su courber l'échine. »

Il en est, paraît-il, des Compagnies de chemins de fer comme de toutes les autres administrations de la Ville et de l'Etat, il faut avoir l'échine flexible (ou une jolie femme, diront les sceptiques, si l'on veut arriver à quelque chose. C'est encore un mal que la République n'a pas su guérir, espérons qu'elle y arrivera.

Notre pauvre ami avait une nombreuse famille, trop nombreuse, hélas ! pour ses faibles ressources, sa *Smala*, comme il se plaisait à l'appeler : trois grands garçons, quatre grandes et belles filles, sa belle-mère, lui et sa femme, en tout, dix bouches à nourrir, dix personnes à habiller, avec 2,200 francs par an !

On mangeait vingt livres de pain par jour dans cette maison.

Les filles étaient fortement anémiques, il leur fallait de la viande fréquemment, le médecin l'avait ordonné. Question de vie ou de mort, avait-il dit.

« Ce n'est pourtant pas avec mes appointements de chef de gare, nous disait cet excellent père de famille, — il adorait ses enfants, — ce n'est pas avec ce que je gagne, mon ami, que je peux leur donner du filet de bœuf à tous les repas; aussi ai-je tourné la difficulté assez habilement, ajoutait-il en riant sous cape, *je leur donne du cheval*, ils en mangent à discrétion, à leur faim ; la santé est vite revenue aux filles, elles sont sauvées, fraîches et roses maintenant ; les garçons poussent comme des champignons et feront des hommes solides, qui n'auront pas froid aux yeux ; nous ne nous sommes jamais si bien portés tous.

Vous le voyez, pères de famille,

« Le cheval a du bon. »

CUISINE HIPPOPHAGIQUE

RECETTES

pour bien accommoder la Viande de Cheval

Il est entendu que sous le titre de Viande de Cheval nous comprenons celles du cheval, de l'âne et du mulet.

Important à noter. — *Nous nous proposons d'augmenter ce petit manuel de* CUISINE HIPPOPHAGIQUE *de toutes les bonnes recettes que nous pourrons recueillir; en conséquence, nous offrons de publier* (après essai) *toutes celles qu'on voudra bien nous enseigner. Les adresser à l'Imprimerie Allemane*, 51, rue Saint-Sauveur, Paris.

POT-AU-FEU

DE CHEVAL OU DE MULET

Choisir un morceau dans le *plat de côtes*, le *gîte* ou la *culotte*. — Le mulet est un peu plus cher (1).

Le pot-au-feu de viande de cheval se fait exactement comme celui de viande de bœuf. — Bien aromatiser : *Sel, poivre, clous de girofles, ail, oignon, thym, laurier, boule à pot-au-feu*. Laisser bouillir lentement (*6 heures au moins*). Ecumer ajouter les légumes. On aura un pot-au-feu exquis, surtout si on a mis dans ce pot-au-feu un morceau de langue de cheval, 300 grammes au plus.

Note particulière de l'auteur. — On a servi sur ma table, hier, un bouillon de cheval délicieux (*nous sommes quatre grandes personnes*), un bouilli (*dans le plat de côtes*) excellent, le tout a coûté *70 centimes*, compris

(1) On trouvera ci-après, page 28, un tarif (*Prix moyen des Boucheries hippophagiques de Paris*) de la viande de cheval, de mulet et d'âne.

légumes et cuisson (le plat de côtes — 1 k. 500 — ne coûte que 20 centimes dans la banlieue) et il est resté du bouillon pour deux repas, du bouilli pour un deuxième repas.

RAGOUTS

CHEVAL A LA MODE

Choisir un morceau dans la *Tranche*, le faire bien larder de lard salé ; poivre, saler la viande, la piquer d'une gousse d'ail, faire revenir dans du *saindoux;* ajouter *carottes* coupées en ronds de l'épaisseur d'un décime, *un ou deux oignons*, *thym*, *laurier*, *persil*, *deux ou trois verres de bouillon*. Faire cuire six à sept heures à feu doux, selon l'importance du morceau, et y joindre, un peu avant de servir, un bon verre d'eau-de-vie à laquelle on mettra le feu.

CHEVAL A LA BOURGUIGNONNE

Choisir dans le *plat de côtes*. — Faire couper par petits morceaux. Faire un roux et faire revenir dans le roux ; ajouter *oignons, une gousse d'ail*, *un bouquet bien garni*, *un verre de bouillon*, *saler*, *poivrer*. Laisser cuire une heure à feu doux et joindre, un quart d'heure avant de servir, des champignons et un verre de vin rouge.

CHEVAL EN RAGOUT AUX POMMES DE TERRE

Choisir dans le *plat de côtes*. — Faire couper par petits morceaux et faire cuire exactement comme on ferait un ragoût de mouton, en ayant soin toutefois de faire revenir la viande plus longtemps. Bien aromatiser toujours.

BIFTECKS

Choisir un morceau dans la *tranche*, le *romsteck* le *faux-filet*, ou le *filet*.

Saler et poivrer la viande, la saisir sur un feu bien ardent (*dix minutes au plus de cuisson sur le gril*).

Poser dans un plat sur beurre bien frais, avec persil et échalottes hachés fin, ou sur beurre d'anchois, ou encore, avec une sauce tomates bien relevée.

ROTIS

ROASTBEEF A L'ANGLAISE

Choisir dans le *romsteck*.

Saler, poivrer et beurrer la viande piquée d'une gousse d'ail, la mettre au four sur un plat avec un verre de bouillon; le four fortement chauffé, afin de bien saisir la viande. Quinze minutes de cuisson par livre, tout au plus.

FILET DE CHEVAL A LA GEOFFROY SAINT-HILAIRE

Choisir un morceau dans la *tranche* ou le *filet*.

Mettre au four bien chauffé (*saisir*), piquer d'ail et beurrer, verser dans le plat un verre ou deux de bouillon. — Quinze minutes au plus de cuisson par livre. Ajouter, un quart d'heure avant de servir, *sauce madère aux champignons*, comme suit :

Faire un roux avec bon beurre et bouillon, éclaircir avec un grand verre de madère; joindre champignons, bouquet garni; saler, poivrer et verser sur le rôti, qu'on remet au four dix minutes au plus avant de servir.

FILET DE CHEVAL OU DE MULET A LA DECROIX

Choisir un morceau dans la *tranche*, le *Romsteck*, le *faux-filet* ou le *filet*.

Faire une marinade composée de : *vin blanc* (un litre ou un demi-litre, selon l'importance du morceau), *oignons*, *carotes* coupées en ronds minces, *ronds de citron, thym, laurier, clous de girofle, poivre* et *sel*. Mettre cette marinade dans un plat très creux avec le morceau de viande, dans lequel on aura piqué deux gousses d'ail. Laisser mariner vingt-quatre heures au moins, quarante-huit heures même si l'on veut, en ayant soin de retourner la viande, afin qu'elle soit imprégnée des deux côtés, qu'elle prenne bien la marinade et faire rôtir (après avoir beurré la viande) dans la marinade, si on rôti au four ; si on rôti à la broche, arroser le morceau avec cette marinade, qu'on sert à part.

La cuisson au four ou à la broche (*feu ardent*) ne doit pas excéder quinze minutes au plus par livre.

LANGUE DE CHEVAL

SAUCE PIQUANTE

La langue de cheval, cuite dans le pot-au-feu, augmente la valeur du bouillon et lui donne un excellent goût; pour la servir, on prépare une sauce piquante comme suit :

Faire un roux, mouiller de bouillon, bouquet garni, pointe d'ail, un filet de vinaigre et des cornichons un peu avant de servir. Verser cette sauce sur la langue coupée en tranches minces, alors qu'elle sort du pot-au-feu et qu'elle est très chaude.

CERVELLE DE CHEVAL

AU BEURRE NOIR

La cervelle de cheval se prépare exactement de la même manière que la cervelle de mouton au beurre noir, avec laquelle le plus fin connaisseur ne saurait faire de différence.

Quand la cervelle est dégorgée, la couvrir de bon beurre fondu à la poêle, avec pointe de vinaigre et persil haché fin. Servir très chaud.

ROGNON DE CHEVAL

SAUTÉ AUX CHAMPIGNONS

Le rognon de cheval se prépare exactement comme le rognon de bœuf, avec cette différence, toutefois, qu'il faut au préalable bien le faire revenir dans du saindoux (*qu'on jette ensuite*). On peut faire sauter le rognon de cheval également au vin rouge ou blanc, ou au madère; il est tout aussi bon que le rognon de bœuf.

FOIE DE CHEVAL

SAUTÉ AU VIN

Faire revenir le foie dans du beurre ou de la graisse de cheval, faire un roux, le mouiller avec une cuillerée de bouillon, saler, poivrer, bouquet garni. Y ajouter un bon verre de vin rouge et laisser dix minutes sur le feu avant de servir.

FRITURES DE POISSON ET DE POMMES DE TERRE

On fait, à la graisse de cheval, d'excellentes fritures de poisson ou de pommes de terre, bien supérieures, *plus fines et plus légères* que les meilleures fritures à la graisse.

SALADES

La graisse du cheval, quand elle est fondue, se sépare en deux parties, dont l'une supérieure, *liquide*, peut être employée, dit M. Decroix, aux mêmes usages que la bonne *huile d'olive*, avec laquelle elle a une grande analogie. Nous ajouterons que nous n'en employons jamais d'autre et que nous avons vu bien des gens s'y tromper.

Tarif de la viande de Cheval, de Mulet et d'Ane

IMPORTANT A NOTER. — *Ces prix varient sensiblement en raison du choix de la viande*

CHEVAL

	Plat de côte, p^{r} pot-au-feu ou ragout	le kil.
	Gite	—
Morceaux toujours vendus sans os	Bavette, pour biftecks	—
	Culotte, pour mettre en daube......	—
	Tranche	—
	Romsteck, pour rôti	—
	Faux-filet	—
	Filet	—

VIANDE DE MULET ET D'ANE

Différence en plus p. 100 environ.

BOISSONS ÉCONOMIQUES

RECETTE

pour faire soi-même la Bière de famille

Composée exclusivement de houblon, d'orge et de sucre

Prix de revient : 5 centimes le litre
(Frais de fabrication compris)

Pour un petit tonneau de 45 litres :

Houblon, 500 grammes, à 1 fr. 20 le kil..	0 f. 60
Orge, 1 litre	0 25
Sucre, 1 kil. (cassonade brune), à 90 c. le kil	0 90
Baies de genièvre	0 05
Frais de fabrication : charbon	0 20
Total	2 f. 00

Faire crever l'orge (*bien bouillir*) dans un vase à part, pendant quatre heures au moins, puis faire bouillir ensuite le houblon une demi-heure, faire cuire 250 grammes de la cassonade avec un verre d'eau, la faire réduire (*en faire un caramel*). Passer le houblon et l'orge, verser ces deux liquides (encore chauds) l'un après l'autre dans le tonneau, *qui doit être très propre et ne posséder aucun goût* (on jette le houblon et l'orge), y ajouter la cassonade et en dernier lieu le caramel. Agiter fortement avec un bâton,

Laisser fermenter trois ou quatre jours, la bonde du tonneau ouverte. On peut mettre en bouteilles le cinquième jour. Laisser les bouteilles debout quarante-huit heures avant de les coucher. Au bout de quelques jours de bouteille la bière mousse et fait sauter les bouchons.

Nota. — Nous engageons fortement les ménagères à préparer de suite un deuxième tonneau, afin de laisser à la bière le temps de bien se faire.

AVIS

Nous nous occuperons dans le deuxième fascicule, du pain de Paris, comparé au pain de la campagne. Du lait comme aliment et comme agent thérapeutique. Du lait de Paris et du lait de la campagne, de la crême, du beurre et des fromages. Du vin, du cidre, de la bière et de toutes les boissons économiques. Enfin de la falsification de toutes les denrées alimentaires.

BOUCHERIES HIPPOPHAGIQUES

RECOMMANDÉES POUR LEURS VIANDES DE PREMIER CHOIX

Troisième arrondissement

(Quartier du Temple)

Maison TÉTARD, 15, rue du Temple.
DAUVERGNE, 107, rue du Temple.
THINEY (A.) fils, 58, rue Beaubourg.

Cinquième arrondissement

(Quartier du Jardin-des-Plantes)

Maison THOIN (Hyacinthe), 98, rue Mouffetard.
CARTIER, 46, rue de Lourcine,
MANTÉ, 316, rue Saint-Jacques.
ROBINEAU, 88, rue de la Glacière.
BARBAUD, 1, rue du Haut-Pavé, et 81, rue Cardinal-Lemoine.

Sixième arrondissement

(Quartier du Luxembourg)

Maison BOIVIN, 232, rue de Vaugirard.
PORTIER, 6, rue des Canettes.

Septième arrondissement

(Quartier du Palais-Bourbon)

Maison GAUDOT, 16, rue Jean Nicot.

Neuvième arrondissement

(Quartier de l'Opéra)

Maison TÉTARD, 24, rue de Trévise.

Dixième arrondissement

(Quartiers : Enclos Saint-Lazare et Faubourg Saint-Martin)

Maison LATOUR (Vve), 20, rue de la Fidélité.
ROBINEAU, 33, rue de Sambre-et-Meuse.

Onzième arrondissement

(Quartier Popincourt)

Maison Thoin (Hyacinthe), 37, rue d'Angoulême, et 48, rue Saint-Maur.
Barban, 54, rue Basfroi.
Blot, 24, rue de la Roquette.
Couturelle, 155, rue de Charonne.
Croizeau (Vve), 137, rue du Chemin-Vert.
Girardot, 75, rue de Charonne.
Philippe, 188, rue Saint-Maur.
Philippe (E.), 125 *ter*, rue Oberkampf.
Prévot, 91, rue de la Roquette.
Raygasse, 26, rue Popincourt.
Robineau, 93, rue de la Réunion (Charonne).
Royer, 123, rue de Charonne.
Thynet, 31, rue de l'Orillon.
Trémérel (Vve), 124, rue de la Roquette.

Douzième arrondissement

(Quartier de Reuilly)

Maison Tétard, 17, place d'Aligre, et 15, rue d'Aligre.
Thoin (Hyacinthe), 48, rue de Reuilly.
Robineau (L.), 10, rue des Fonds-Verts.
Robineau, 78, rue de la Mare.
Philippe, 5, place d'Aligre.

Treizième arrondissement

(Quartier des Gobelins)

Maison Thoin (Hyacinthe), 175, boulevard de la Gare ; 85, rue Clisson ; 18, place d'Italie : 188, rue Nationale
Bourreau, 32, avenue de Choisy.
Cartier, 170, avenue d'Italie.
Girardot, 52, rue de la Santé.
Mallet (Mlle), 26, rue Bourgon.

Quatorzième arrondissement

(Quartier de l'Observatoire)

Maison Phillippe, 114, rue de Vanves.

Quinzième arrondissement

(Quartiers de Vaugirard et de Grenelle)

Maison Dion, 30, rue Croix-Nivert.
Guilleminot, 17, rue de Javel.
Louis (Philippe), 109, rue du Théâtre.

Dix-septième arrondisssement

(Quartiers des Batignolles et Monceau)

Bosman, 90, avenue de Saint-Ouen.
Prévost, 28, rue Rennequin.

Dix-huitième arrondissement

(Quartier de la Butte-Montmartre)

Maison Thoin (Hyacinthe), 56, rue des Poissonniers.
Tétard, 20, rue Ramey.
Dapoigny, 18, rue Joseph Dijon.
Dax, 63, rue Myrrha, et 30, rue du Poteau.
Lenoble (Vve), 170, rue Marcadet; 54, rue du Ruisseau.
Perdriel, 18, rue Poulet
Thyney, 84 *bis*, rue Riquet.

Dix-neuvième arrondissement

(Quartier des Buttes-Chaumont)

Maison Tétard, 118, rue d'Allemagne, et 28, rue de Meaux,
Thoin (Hyacinthe), 144 et 154, rue de Belleville.
Théau, 53, rue de Meaux.

Vingtième arrondissement

(Quartier de Ménilmontant)

Maison Thoin (Hyacinthe), 80, rue d'Avron ; 22, rue des Couronnes ; 38, rue Ramponneau ; 28, rue des Vignolles.
Conventz, 95, rue Ménilmontant.
Dehainault, 3, rue des Amandiers.
Lesine, 3, rue Dénoyer.
Robineau, 43, rue Bisson, et 78, rue de la Mare.

BANLIEUE DE PARIS

Nota. — Nous allons publier également les Boucheries Hippophagiques de la grande banlieue de Paris. Nous attendons qu'elles nous soient désignées.

Notre premier Banquet populaire hippophagique — *en voie d'organisation* — sera donné en l'honneur de M. Decroix, le savant hygiéniste, qui, après Isidore Geoffroy-Saint-Hilaire, a le plus coopéré, par ses intéressants travaux, ses écrits, à vulgariser en France la viande de cheval.

Ce banquet de 500 couverts aura lieu au , le octobre prochain. Il y sera servi du cheval sous toutes les formes.

Le prix du banquet est fixé à 5 francs par tête.

Les femmes et les enfants y seront admis.

(*Les enfants paieront moitié prix.*)

Les journaux qui nous ont assuré leur concours bienveillant, indiqueront ultérieurement la date précise (*un dimanche*), l'heure du Banquet, ceux de leurs bureaux où l'on pourra souscrire et retirer sa carte d'entrée.

On souscrira également dans toutes les boucheries de cheval, à partir du premier septembre prochain.

(Août 1891).

Membres de la Commission du Banquet

MM.

....

....

....

....

....

....

....

....

Paris. — Imp. J. Allemane, 51, rue Saint-Sauveur.

Voir les dernières pages de la Brochure

VENTE EN GROS :

IMPRIMERIE-LIBRAIRIE ALLEMANE

51, rue Saint-Sauveur, 51

PARIS

www.ingramcontent.com/pod-product-compliance
Lightning Source LLC
LaVergne TN
LVHW020248230826
846091LV00006B/2296

9782013374927